El oficio de escribir

Primera edición, febrero de 2026

EL DESVELO EDICIONES
Javier Fernández Rubio, director

Editorial Almuzara, S. L.
Parque Logístico de Córdoba
Ctra. Palma del Río, km 4
C/8, Nave L2, módulos 6-7, buzón 3
14005 - Córdoba
(+34) 957 467 081

eldesvelo.es
almuzaralibros.com
eldesvelo@almuzaralibros

© del diseño de colección y traducción, Javier Fernández Rubio, 2026
© de esta edición, Editorial Almuzara, S. L., 2026

ISBN: 979-13-87799-33-5
IBIC: DNJ, DSA, 1KBB
THEMA: DNP, DSA, 1KBB
Depósito Legal: CO-2369-2025
Impreso en España-Gráficas La Paz

Textos originles publicados por Jack London entre 1899 y 1917 en los siguientes periódicos de Estados Unidos: *The Silhouette, The Editor, Junior Munsey Magazine, The Bookman, The Critic, A Quarterly Magazine of Stories in Profile*

Imagen de portada: Jack London en su oficina. The Bancroft Library Portrait. Collection Jack London, 1876-1916

JACK LONDON

El oficio de escribir

El Desvelo
EDICIONES

Jack London, en su oficina, en una imagen de 1916.

Nota del editor

¿Tiene algo que contar? ¿Dispone de un concepto propio de la vida, extraído de la vida misma, pero también producto del estudio y la adquisición de conocimientos? ¿Sabe dónde se está metiendo? ¿Ha pensado en el dinero que le costará o que ganará? ¿Tiene ambición? ¿Aspira a la fama? ¿Se ha parado a pensar cómo la literatura evoluciona al compás de la vida? ¿Ha advertido que la vida, ya no es que supere a la ficción, sino que es incluso demasiado *real* como para ser verosímil y creíble?

Estas son algunas preguntas que surgen de la lectura de las columnas periodísticas que Jack London escribió en diversos diarios norteamericanos a principios del siglo XX y que aquí recogemos en una versión agrupada bajo el título de *El oficio de escribir*.

Se trata de artículos inéditos, que solo fragmentariamente han podido ser incluidos en alguna publicación en español, y en donde el autor de *Colmillo blanco* y otras ficciones principalmente de aventura, reflexiona sobre su oficio y da consejos a todos aquellos que quieran internarse en el mundo de la escritura. Y London lo hace con sencillez y sin tapujos, ya que fue cocinero antes que fraile y tuvo las mismas dudas que un escritor en ciernes.

Las preguntas arriba enunciadas son respondidas por London. Lo hace a una manera, sorprendente y totalmente sincera, con el ánimo de desmitificar la labor creativa, a la par fascinante como mal entendida. Él, que era periodista y literato a la vez, fue pionero en la comprensión de que ambos territorios, amalgamados en lo que ahora se

7

puede denominar crónica periodística o narrativa de no ficción, son en sí un género híbrido de la narrativa, con naturaleza propia. Así, hoy en día, el periodismo narrativo que utiliza técnicas de la novelística y materiales de la realidad cada vez es más considerado como un género literario independiente, sin nada que desmerecer a la ficción convencional.

Los artículos de este libro fueron publicados en periódicos y revistas de Estados Unidos como *Junior Munsey Magazine*, *The Bookman*, *The Editor*, *The Critic* y *The Silhouette*, entre 1988 y 1906, un período extenso que revela la preocupación recurrente de London por comprender el oficio que tan magistralmente llegó a dominar.

London no se limita a dar consejos, sino que, hablando de sí mismo, intenta insuflar el convencimiento de la importancia capital de disponer de un mundo propio, incluso en el plano filosófico, el *zeitgeist* de uno mismo.

A partir de esta premisa, el lector puede encontrar en estos artículos desde un recetario de consejos hasta una descarnada visión del diletantismo y la vanidad de las miles de personas que a diario quieren ser reconocidas como escritores. De entre los consejos, destacan la lectura, la tenacidad, la economización del tiempo, la originalidad y la personalidad de quien escribe.

«Lea lo mejor y solo lo mejor —afirma London—. No termine un relato simplemente porque lo ha comenzado. Recuerde que usted es un escritor, en primer lugar, último y en todo momento. [...] ¡Tiempo! Si usted no puede encontrar tiempo, tenga la seguridad de que el mundo no encontrará tiempo para escucharlo».

Asimismo, ausculta el pulso narrativo de su momento y observa cómo la producción literaria y la propia narrativa evolucionan en consonancia:

«El crecimiento del relato corto ha estado marcado por la decadencia de la novela larga. En el siglo pasado, y en la primera parte de este, las novelas de un volumen eran aceptables, pero los editores preferían las de dos y tres; tampoco eran reacios a una de cuatro, mientras que las novelas de cinco y seis volúmenes no eran en absoluto infrecuentes. La novela promedio de hoy contiene de cuarenta a setenta mil palabras», radiografía.

A esta urgencia de la vida, trasladada a la urgencia del narrar, no es ajeno el siglo XXI, con la aparición de internet, las redes sociales y la mensajería privada, que modifican hábitos relacionales y, por ende, qué leer y cómo escribir. London ya decía a primeros del XX cosas como esta: «Lo no podado será desechado sin leer. [El lector] lo que quiere es el meollo del asunto y lo quiere ya».

Salud, trabajo y una filosofía de vida son los tres grandes principios que han de presidir, a su juicio, la vida de todo escritor. Incluye un cuarto: la sinceridad. Solo así se puede llegar a ser uno de los grandes o, como él dice, «aspirar a la grandeza y sentarte entre los gigantes».

También se lamenta de la precariedad económica que suele presidir la escritura profesional, lo que hace que se dedique buena parte del talento a trabajos alimenticios, dejando de lado aquello que pudiera reputarle como escritor. Y una última cuestión: no despreciar el material que la vida va arrojando a los pies del autor, por muy increíble que parezca. Como buen cronista, London reivindica la crónica de su tiempo, pero a la vista de su experiencia, recomienda un barniz de ficción literaria para que lo increíble acabe siendo aceptado por el lector.

«Me he visto obligado a concluir que el hecho, para ser verdad, debe imitar a la ficción. La imaginación creativa es más veraz que la voz de la vida», sentencia.

9

Jack London, con chaqueta de cuero, a bordo de su barco Snark.

Sobre la filosofía de vida del escritor

El plumífero, aquel que se satisface con producir «trabajos alimenticios» por el resto de su vida, ahorrará tiempo y fastidio si pasa por alto este artículo. No contiene consejos sobre cómo preparar un manuscrito, las extravagancias del lápiz azul, el archivo de material, ni la perversidad innata de adjetivos y adverbios. *Escribidores* petrificados, ¡sigan de largo! Esto es para el escritor —sin importar cuánto trabajo alimenticio esté produciendo en este momento— que atesora ambiciones e ideales y anhela el momento en que los periódicos de agricultura y las revistas hogareñas ya no ocupen la mayor parte de su agenda de visitas.

¿Cómo va usted, querido señor, señora o señorita, a lograr distinción en el campo que ha elegido? ¿Genio? Oh, pero usted no es un genio. Si lo fuera, no estaría leyendo estas líneas. El genio es irresistible, desecha todas las cadenas y restricciones, no se le puede retener. El genio es una *rara avis* que no está revoloteando en cualquier bosquecillo como usted y como yo. Pero entonces, ¿usted tiene talento? Sí, de una manera embrionaria. El bíceps de Hércules era algo insignificante cuando se revolvía en pañales. Lo mismo sucede con usted: su talento está subdesarrollado. De haber recibido la nutrición adecuada y de estar bien maduro, usted no estaría perdiendo el tiempo con esto. Si cree que su talento realmente ha alcanzado sus años de madurez, deténgase aquí mismo. Si cree que no, entonces ¿por qué métodos cree que lo va a alcanzar?

«Siendo original», sugiere usted de inmediato; luego añade «fortaleciendo constantemente esa originalidad». Muy bien. Pero la pregunta no es simplemente ser original —el más novato lo sabe bien—, sino ¿cómo puede serlo en su propio trabajo? ¿Para obligar a los editores a suspirar por él? Usted no puede esperar ser original siguiendo el rastro marcado por otro, ser reflejo de Scott o Dickens, Poe o Longfellow, George Eliot o el señor Crane, y muchos otros de una lista que se alarga. Sin embargo, los editores y el público han clamado por su producción. Ellos conquistaron la originalidad. ¿Y cómo? No siendo veletas tontas, que giran ante cada brisa. Ellos, con sus incontables fracasos, comenzaron parejos en la carrera, el mundo con sus tradiciones fue su herencia común. Pero en una cosa se diferenciaron de los que fracasaron: acudieron directamente a la fuente, rechazando el material que se filtraba a través de otras manos. No les interesaban las conclusiones ni las pretensiones ajenas. Ponían el sello del *yo* en su trabajo, una marca comercial de mucho más valor que el copyright. Así, del mundo y sus tradiciones —que es otro término para el conocimiento y la cultura— extrajeron, de primera mano, ciertos materiales que configuraron una filosofía individual de la vida.

Ahora bien, esta expresión, «una filosofía de vida», no tiene una definición precisa. En primer lugar, no significa una filosofía sobre una sola cosa. No se preocupa especialmente por cuestiones como el pasado y futuro esfuerzo del alma, el doble o único estándar de moralidad para ambos sexos, la independencia económica de las mujeres, la posibilidad de que los caracteres adquiridos sean heredados, el espiritualismo, la reencarnación, la templanza, etc. Pero sí se preocupa por todos ellos, en cierto modo, y con todos los demás baches y obstáculos

12

que confrontan al hombre o la mujer que realmente vive. En resumen, es una filosofía de vida sencilla y funcional. Todo escritor de éxito permanente ha poseído esta filosofía. Era un punto de vista peculiarmente suyo. Era una vara de medir con la que medía todas las cosas que llegaban a su conocimiento. Por ella enfocaba a los personajes que retrataba, los pensamientos que pronunciaba. Gracias a ella, su trabajo era sano, normal y fresco. Era algo nuevo, algo que el mundo deseaba escuchar. Era suyo y no un balbuceo distorsionado de cosas que el mundo ya había escuchado.

Pero no se equivoque. La posesión de tal filosofía no implica una renuncia al afán didáctico. Que uno pueda tener puntos de vista pronunciados sobre cualquier cuestión no es razón para que agreda al público con una novela con un propósito, aunque tampoco es razón para que no deba hacerlo. Pero advertirá, sin embargo, que esta filosofía del escritor rara vez se manifiesta en un deseo de influir en el mundo hacia un lado u otro acerca de cualquier problema. Algunos pocos grandes escritores han sido didácticos abiertamente, mientras que otros, como Robert Louis Stevenson, de una manera a la vez audaz y delicada, se han volcado casi por completo en su trabajo y lo han hecho sin impartir ni una sola vez la idea de que tenían algo que enseñar.

Y debe entenderse que esta filosofía de trabajo permite al escritor no solo plasmar en su obra su propia personalidad, sino también aquello que no es él mismo, pero que ve y valora. De nadie es esto más cierto que de ese triunvirato de gigantes intelectuales: Shakespeare, Goethe, Balzac. Cada uno era él mismo y tanto es así que no hay punto de comparación. Cada uno había extraído de esta reserva su propia filosofía de trabajo. Y

13

por este estándar individual hicieron su obra. Al nacer debieron de ser muy parecidos a todos los bebés, pero de alguna manera, del mundo y sus tradiciones, adquirieron algo que sus semejantes no tenían. Y esto no era ni más ni menos que algo que decir.

Ahora, usted, joven escritor, ¿tiene algo que decir, o simplemente cree tenerlo? Si lo tiene, no hay nada que le impida decirlo. Si usted es capaz de tener pensamientos que al mundo le gustaría escuchar, la forma misma de pensar es la expresión. Si piensa claramente, escribirá con claridad; si sus pensamientos son dignos, su escritura también lo será. Pero si su expresión es pobre, es porque usted es limitado. Si sus ideas están confusas y revueltas, ¿cómo puede esperar una expresión lúcida? Si su conocimiento es escaso o no está sistematizado, ¿cómo pueden ser sus palabras amplias o lógicas? Y sin el fuerte hilo central de una filosofía de trabajo, ¿cómo puede poner orden a partir del caos? ¿Cómo pueden su previsión y perspicacia ser claras? ¿Cómo puede tener una percepción cuantitativa y cualitativa de la importancia relativa de cada fragmento de conocimiento que posee? ¿Cómo puede tener algo para el oído hastiado del mundo?

La única forma de obtener esta filosofía es buscándola, extrayendo los materiales que la componen del conocimiento y la cultura del mundo. ¿Qué sabe usted del mundo debajo de su burbujeante superficie? ¿Qué puede saber de las burbujas a menos que comprenda las fuerzas que actúan en las profundidades del caldero? ¿Puede un artista pintar un *Ecce Homo* sin tener una concepción de los mitos y la historia hebreas, y de todos los variados rasgos que forman el carácter del judío, sus creencias e ideales, sus pasiones y sus placeres, sus esperanzas y temores? ¿Puede un músico componer una *Cabalgata*

14

de las valquirias y no saber nada de las grandes epopeyas teutonas? Así también usted: debe estudiar. Debe llegar a leer el rostro de la vida con comprensión. Para entender las características y fases de cualquier movimiento, debe conocer el espíritu que lleva a la acción a individuos y pueblos, lo que da nacimiento e impulso a las grandes ideas, que condena a muerte a un John Brown[1] o crucifica a un Salvador. Ha de captar la esencia misma de las cosas. Y la suma de todo ello será su filosofía de trabajo, por la cual, a su vez, usted medirá, sopesará, equilibrará e interpretará al mundo. Es este sello de personalidad de la visión propia lo que se conoce como individualidad.

¿Qué sabe usted de historia, biología, evolución, ética y las mil y una ramas del conocimiento? «Pero», objeta usted, «no veo cómo tales cosas pueden ayudarme a escribir un romance o un poema». Ah, pero lo harán. Amplían su pensamiento, extienden su visión, expanden los límites del campo en el que trabaja. Le brindan una filosofía única, que no se parece a la de ningún otro, le obligan a pensar con originalidad.

«Pero la tarea es ingente», protesta usted: «No tengo tiempo». Otros no se han dejado amedrentar por su magnitud. Los años de su vida están a su entera disposición. Ciertamente, no puede pretender dominarlo todo, pero en la medida en que lo vaya dominando aumentará tu eficiencia, y captará la atención de tus semejantes. ¡Tiempo! Cuando habla de su carencia, se refiere a la falta de economía en su uso. ¿De verdad ha aprendido a leer? ¿Cuántos cuentos y novelas insulsos lee al año, esforzándose por dominar el arte de la narrativa o por ejercitar su

---

1. John Brown (1800-1859) fue un líder abolicionista estadounidense que fue ejecutado por una incitación fallida a una rebelión de esclavos.

capacidad crítica? ¿Cuántas revistas lee de principio a fin? Ahí tiene su tiempo, tiempo que ha estado malgastando con una prodigalidad insensata, tiempo que jamás volverá. Aprenda a discernir en la selección de sus lecturas y aprenda a hojear con criterio. Se ríe del anciano senil que lee el periódico a diario, anuncios incluidos. Pero, ¿no es patético el espectáculo que presenta usted al intentar seguir la corriente de la ficción actual? No la rehuya. Lea lo mejor y solo lo mejor. No termine una historia solo porque la haya empezado. Recuerde que es escritor, ante todo, siempre y por siempre. Recuerde que estas son las palabras de otros y, si solo las lee, podría malinterpretarlas y no tener nada más sobre lo que escribir. ¡Tiempo! Si no encuentra tiempo, tenga por seguro que el mundo tampoco encontrará tiempo para escucharle.

The Editor. Octubre, 1899.

Primeros auxilios para autores noveles

Muchas son las motivaciones que impulsan a los hombres a adentrarse en el espinoso camino de la literatura y entre estas fuerzas apremiantes quizás deba destacarse principalmente la ambición.

Ambición es un término muy vago. Vayamos a la raíz del asunto, despojémonos de toda tontería y astutas artimañas y aclaremos el término con algo más concreto. ¿Ambición de qué? ¿De fama? ¿De notoriedad? ¿De público? ¿De poder? ¿De un sustento? De hecho, ¿para qué? Ahora, quede dicho en este punto que la discusión concierne solamente a aquellos individuos que realmente acceden a la palestra y saturan con cartas para encontrar un mercado. No nos importa el poeta verdadero, el que canta por el simple placer del canto, el que canta porque la fuerza lo lleva a lo largo de la línea de menor resistencia, el que canta, en resumen, porque no puede dejar de cantar. Tal persona no envía sus canciones ensobradas a los confines más remotos de la tierra para atormentar el alma de innumerables editores. En el mejor de los casos (o puede que en el peor), tras mucha persuasión, logra una edición privada para su distribución gratuita entre sus amigos más cercanos y queridos, pero él no hace nada más. Por supuesto, el tono de la nota que tañe es puro, dulce y verdadero, posee la fuerza, la profunda, la indeleble pulsión eterna, pero no conseguirá más oyentes. Sin embargo, son ellos quienes hacen su público, pues cada trino de sus canciones viaja de uno a otro, hasta que al fin el mundo entero esté dividido entre el canto y el clamor por los trinos y los telégrafos echan humo con ofertas de editores ansiosos. En este caso, es el mercado el que acude a él, no él al mercado.

Pero estamos inmersos en el análisis de la ambición que lleva a los hombres a convertir en mercancía sus reflexiones escritas y enviarlas, como si fueran nabos y repollos, para que sean compradas y vendidas. Cuando un hombre hace esto, es justo preguntar por qué. ¿Lo hace por fama? Veámoslo. En primer lugar, la pregunta es ¿acaso un hombre, impulsado únicamente por un ansia de distinción o gloria llega a ser alguna vez distinguido o glorioso? No parece ser así. Puede que alcance cierta notoriedad, pero jamás renombre. Los grandes hombres del mundo lo son porque tenían una misión que cumplir y la cumplen; porque trabajaron con ahínco, absortos en su labor, hasta que un día, sorprendidos, se ven colmados de honores y sus nombres resuenan de boca en boca. Y, además, para quien mercadea con sus ideas solo por el privilegio de ocupar puestos de poder, ¿acaso no es ridículo que persiga la fama recorriendo editoriales y redacciones, acosando a un sinfín de gente ajetreada a la que ni siquiera conoce? ¡Sin duda, los laureles no son para alguien como él!

Luego, están otros hombres, ambiciosos solo por verse en el papel, solo para que sus amigos digan: «Ahí está Soandso. Amigo, ¿no lo sabías? Escribe para las revistas». Tal hombre desea que la gente hable de él, busca colarse por un momento en la feria de las vanidades y, luego, pasearse orgulloso entre aquellos que él sabe que se han sentado entre escritores. Desea poseer una distinción de casta que no le es innata y que, debido a su ansiedad inherente, nunca podrá ganarse. Hay hombres que son criaturas mezquinas, vanas y tontas, pelmas de

18

editores a los que son presentados, pero, mientras lloramos por ellos, no podemos considerar ambiciosos a estos seres descarriados. Seamos caritativos, echemos la culpa a sus ancestros y prosigamos.

Hay muchos otros que deben ser eliminados de la lista; los especialistas, por ejemplo: médicos, abogados, profesores, historiadores y científicos. Estos hombres escriben según su especialidad, como hombres que tienen algo que decir. Pero sus ambiciones se han colmado ya en las carreras que eligieron y el trabajo literario que hacen es solo una fase novedosa en sus trayectorias. También están los diletantes: gente que no tiene un gran mensaje que ofrecer al mundo y que, sin ser vanidosos y sin necesidad de luchar por la existencia debido a un golpe de fortuna o por las circunstancias, desean solo estar ocupados, gente que escribe por la misma razón por la que caza, pesca, viaja o va a la ópera.

Para todos ellos, la ambición, como término distintivo, no juega ningún papel. ¿A quién, entonces, se aplica? A dos clases: aquellos que tienen, o creen tener, un mensaje que el mundo necesita o que estaría encantado de escuchar; y aquellos cuyas vidas han sido arrojadas a terreno duro y estéril, y se esfuerzan por satisfacer las necesidades de su estómago. La primera es la clase más pequeña. Son las criaturas celestiales, que lanzan fuego, que traen fuego, hechas de tal forma que deben hablar aunque los oídos sean sordos y los cielos se desplomen. La Historia está llena de ellos y da fe de que han hablado, ya sea en las tablas del Monte Sinaí, en los panfletos beligerantes de un épocas posteriores o en el vociferante periódico dominical de hoy en día. Su ambición es enseñar, ayudar, elevar. El *yo* no es un factor determinante. No fueron creados principalmente para su propio beneficio, sino por el bien del

19

mundo. El honor, la gloria y el poder no les atraen. Una corteza de pan y el sayal de un mendigo satisfacen todos sus deseos materiales. La existencia es una etapa, un medio para un fin. El consuelo y la felicidad del mundo son su confort y su felicidad. Y, siendo ellos mismos ayudantes y consejeros, no piden ayuda ni consejo; tampoco la aceptarían si se les ofreciera, pues sus destinos están predestinados como las estrellas. Y cuando todo está dicho y hecho, ¿quién querría que fuera de otra manera?

Pero todavía queda la segunda clase y, dado que es la clase más numerosa, compuesta por criaturas del mismo barro que usted y yo, veamos qué papel juega la ambición al precipitarse a una imprenta. Pregunte a los editores, a los propietarios, a los libreros, al público lector, y la respuesta será: «dinero». Ahora, el idealista o el soñador que se ha extraviado tan lejos haría mejor en darse la vuelta. La pregunta en cuestión se vuelve brutal. ¿Dinero? ¡Sí, dinero! Así que vuelva a sus mundos de fantasía y déjenos tranquilos. Sabemos muy bien que no podemos contentarnos con una corteza de pan y el sayal de un mendigo, pero se dará cuenta de que estamos hechos de arcilla. Nuestros pecados recaen sobre las cabezas de nuestros progenitores o de quienes hayan tenido parte en nuestra formación.

Somos los que sufren por una necesidad alimenticia. Amamos la alegría, buscamos el placer y estamos siempre hambrientos de las cosas que consideramos la compensación de la vida. El mundo nos debe algo y tenemos la intención de perseverar hasta conseguirlo. Es cierto, la mayoría de las deudas parecen incobrables y, con más motivo, las más altas. Algunos de nosotros cuestionamos que las deudas sean muy grandes y perdonamos las sumas ridículas. Otros son más insistentes, mientras que unos pocos están seguros de que nunca podrán cobrar lo suficiente por haber nacido. Pero todos nos consideramos acreedores, y hemos aprendido a fondo que debemos hacer nuestra propia recaudación.

Queremos buena comida y en abundancia; carne tan a menudo como nos plazca, no bistecs duros, sino asados; fruta y, cuando apetezca, crema, crema y no leche desnatada. Queremos casas bonitas, con tuberías de saneamiento y techos estancos y no queremos estar apelotonados ni asfixiados. Queremos techos altos, grandes ventanas y mucho sol; espacio al aire libre para flores y viñas e higueras, y paseos donde andar al fresco del día. Y queremos toda clase de cosas agradables dentro de esas casas —libros, cuadros, pianos, y sofás con cojines sin fin—. Queremos buen tabaco y queremos en cantidad para que nuestros amigos puedan venir y ayudarnos a fumarlo. Y si sus labios se secan, queremos darles algo mejor de beber que aquel líquido de mal sabor por el que somos tan a menudo vejados por las grandes corporaciones.

Y queremos casarnos y multiplicarnos y queremos que nuestra descendencia nos cause placer, no preocupaciones. Queremos que respire aire puro, que coma cosas que convienen a un animal que camina erguido, que vea y oiga aquello que proporciona alma y recto entendimiento. Queremos que crezcan gordos y fuertes, con grandes músculos y grandes corazones, con ojos claros. Queremos que se conviertan en hombres y mujeres de raza fuerte y de gran corazón, con conocimiento de las cosas y poder para hacerlas. También queremos para nosotros caballos de montar, bicicletas y automóviles; cámaras, escopetas y cañas de pescar articuladas; canoas, lanchas y yates. Queremos billetes de tren, tiendas de campaña y equipo para acampar. Queremos subir montañas, caminar descalzos por costas arenosas, surcar los mares que más nos plazcan. Estamos cansados de estudiar atlas y guías ilustradas y queremos ir y ver por nosotros mismos. Estamos hartos de fotografías malas y peores copias de las obras maestras que los hombres han hecho. Queremos ver con nuestros propios ojos esas pinturas y esculturas, escuchar con nuestros propios oídos a cantantes y músicos. Cuando la India se muere de hambre, o la ciudad necesita una biblioteca, o el pobre de nuestro vecindario pierde su único caballo y enferma, queremos meternos la mano en el bolsillo y ayudar. Y además de todo esto, ¡queremos dinero!

Porque queremos estas cosas y porque vamos a lanzarnos a publicar para conseguirlas, quizás sea bueno saber qué imprimir para sacar el máximo partido. Elegimos publicar porque pensamos que estamos mejor dotados para ello y, además, porque lo preferimos a extraer dientes, componer huesos rotos, sumar cifras o trabajar con pico y pala. Muchos, remando en el mismo bote que nosotros, se dedicaron a la literatura por razones precisamente parecidas; pero, desafortunadamente, no lo pensaron bien y se equivocaron. Así que sufrieron enormemente y solo aprendieron de su error después de agotadores años de trabajo.

Grant Allen, quien ciertamente logró el éxito literario, tuvo tal experiencia. Al regresar de Jamaica a Inglaterra en 1876, sin trabajo, decidió ganarse la vida con su pluma. Antes de esto, en sus ratos libres, había escrito un centenar o más de artículos para revistas sobre temas filosóficos y científicos, ninguno de los cuales dio un penique. Pero ahora quiso dedicarse por entero a escribir un libro, *Estética fisiológica*, cuya publicación costó seiscientos dólares. Las críticas fueron favorables y tan buenas que le granjearon la amistad de hombres como Darwin

22

y Spencer, y de hecho se llegaron a vender casi trescientos ejemplares. Cuando todo se liquidó, él había perdido, aparte de su tiempo, la mísera suma de ciento cincuenta y seis dólares. Su siguiente libro fue *El sentido del color*. Esto implicó entre cinco y seis mil referencias, requirió un año y medio para completarse y diez años después le reportó algo así como ciento cincuenta dólares. ¿Alguien se extraña entonces de que Grant Allen pasara a escribir ficción en sus últimos años?

Tan profundamente le afectó este error, que escribió en 1893: «Luché diez años por el pan, no quiero entrar en detalles. Me dejó con la salud y el espíritu quebrantados, con toda la vitalidad y la vivacidad extirpadas. Si el objeto de este escrito es advertir a la juventud con talento y aspiraciones sobre los peores y más duros salarios de todas las profesiones, debo decir sinceramente: "Con el mismo ingenio, pero sin mercado, cualquiera puede vender sus habilidades a un precio demasiado pobre. No te dediques a la literatura si tienes suficiente capital para comprar una buena escoba y energía suficiente para ocuparte de un cruce peatonal vacío"».

Que esto sea así o no, no es la cuestión en juego. La cuestión es que, en el momento culminante del éxito, Grant Allen aún podía hablar así de lo que había sufrido en el pasado. A su modo de ver, ningún éxito bajo el sol puede compensar una lucha de diez años. Ninguna recompensa monetaria, ningún confort material, ninguna demanda ilimitada de su obra, ninguna de las satisfacciones de la vida que había obtenido podían compensar lo que había perdido. El hecho de que un hombre se sintiera así al saborear las mieles, con la lucha ya a sus espaldas, sirve para mostrar la amargura de la misma y, además, ilustrar la enormidad del error.

Así que sería conveniente que nosotros, encaminados hacia la literatura por necesidades alimenticias, decidiéramos juiciosamente qué parte de nosotros es mejor plasmar en el papel. Francamente, ¿qué paga mejor: ficción, poesía, ensayo, historia, filosofía o ciencia? Una biblioteca circulante[2] es una arteria donde uno puede sentir el pulso del mercado. ¿Qué es lo más leído y demandado? ¿Hubo alguna vez una biblioteca circulante que no difundiera mucho más la ficción que todas las demás formas de pensamiento impreso juntas? El librero contará la misma historia, al igual que el editor. Muchos de estos han aconsejado a un colaborador que se pase de los campos más serios a la ficción, pero rara vez se ha dado el consejo opuesto. ¿Y por qué? Ciertamente no porque el colaborador fuera inadecuado para la literatura seria. Hay un sinfín de escritores de ficción que podrían dedicarse a tales campos. Pero no lo hacen.

El doctor Weir Mitchell es indudablemente capaz de los más importantes y bien construidos tomos médicos, pero él prefiere escribir *Las aventuras de Francois*. John Uri Lloyd fue responsable de varias obras sobre química, pero ahora todos estamos leyendo su *Stringtown en la carretera*. El señor Kipling podría disertar profundamente sobre ingeniería mecánica y otros temas técnicos; sin embargo, nos deleitamos con *Capitanes intrépidos* y *Stalky y compañía*. Y el ya mencionado Grant Allen, autor de *El sentido del color*, más tarde escribiría *Las tiendas de Sem* y *La mujer que sí lo hizo*. No es que queramos inferir que estos caballeros, y un sinfín de otros, sean víctimas de una necesidad alimenticia. No, no; sin duda es simplemente su inclinación y temperamento lo que los guía hacia caminos donde las prímulas están más tupidamente extendidas.

---

2. Servicio para el préstamo temporal de libros.

24

Permítannos, sin embargo, buscar evidencia más concreta, tomando, por ejemplo, el caso de Herbert Spencer. La contribución del señor Spencer al conocimiento del mundo es tan grande que realmente no podemos apreciarla en toda su amplitud. Carecemos de perspectiva. Solo los siglos futuros podrán medir su obra por lo que es y, cuando un millar de generaciones de escritores de ficción hayan pasado al olvido, una tras otra, Spencer será aún más conocido que hoy. Sin embargo, se vio obligado a publicar su filosofía a su propia costa. En 1865, a causa de ello, debía 5.500 dólares y se vio en la necesidad de anunciar que dejaría de publicar su obra. En América, Youmans recaudó 7.000 dólares y, en Inglaterra, Huxley y Lubbock intentaron incrementar artificialmente la lista de suscriptores, apelando a la gente que comprara ejemplares, no porque tuvieran intención de leerlos, sino para apoyarlos. Pero la muerte del padre del señor Spencer incrementó su renta de tal manera que él declinó aprovechar la amabilidad de sus amigos y continuó, como antes, asumiendo él mismo las pérdidas.

Es conveniente echar un vistazo a otro lado. Se dice que Alphonse Daudet recibió 200.000 dólares por su *Safo*. *The Pall Mall Gazette* le pagó a Kipling 750 dólares por cada una de sus *Baladas de Barracón*. Por sus cuentos, ha recibido hasta un dólar por palabra. ¿Qué científico o filósofo ha logrado jamás algo similar? Anthony Hope se reserva los derechos de autor y recibe 450 dólares por un artículo de revista. Frank R. Stockton vende el más corto de sus relatos por algo así como 500 dólares. Se dice que los Harpers le pagaron al general Lew Wallace 100.000 dólares por su *Príncipe de la India*. También compraron los derechos americanos de *Trilby*[3] por 10.000 dólares, pero

---

3. Obra de George du Murier.

luego, por la magnanimidad de sus corazones, enviaron voluntariamente a Du Maurier 40.000 dólares más.

Pero, aunque la ficción es lo que mejor paga, no hace falta decir que no toda la ficción es igual. Los periódicos de peor calidad pagan por historias desde cuarenta centavos hasta un dólar por cada mil palabras, e incluso así, a veces pagan solo tras protestar. Con frecuencia, la mayor parte de esa miseria se gasta en sellos y papelería para contactar con otros editores. Hay editores que nunca pagan. Y, cosa que es una renegrida iniquidad, algunos periódicos obligan al escritor a suscribirse para que publiquen su trabajo sin remuneración. Pero nosotros, que queremos los bienes del mundo, no seremos tan insensatos como para dedicarnos a este tipo de trabajo, a menos que seamos capaces de hacerlo mejor.

Luego, de nuevo, hay otra clase de ficción que se debe evitar, especialmente peligrosa para aquellos de nosotros que vivimos entre Grub Street y una casa de campo con veinte acres de bosque. Consiste en la clase de temas enfermizamente insípidos que divierten a las almas vulgares del público y los líos melodramáticos que cosquillean los paladares de los buscadores de sensaciones, quienes de otro modo pasarían su tiempo deambulando neuróticamente por la prensa amarilla. Sirvan de ejemplo Charlotte M. Braeme y Laura Jean Libbey, por un lado, y Albert Ross y Archibald Clavering Gunter, por el otro. Por supuesto que cobran, pero porque tengamos una inclinación mercenaria no hay razón para que perdamos el respeto por nosotros mismos. Un hombre con la suficiente integridad moral como para ganarse la vida trabajando no es, por consiguiente, tan malo como para ser incapaz de elegir. Si la recolección de desechos no es de su agrado, mayor honor tendrá cuando se convierta en leñador. Así pasa con nosotros. Aunque los soñadores e idealistas nos desprecien porque tengamos un contacto estrecho con la tierra, ningún deshonor hay en esa proximidad. Aunque la carne nos pese, podemos mantenernos erguidos y mirarnos a los ojos.

Y en este sentido, bien podemos tomar una lección de esos mismos soñadores e idealistas. Seamos portadores de fuego a nuestra humilde manera. Tengamos un ojo puesto en los males del mundo y sus necesidades y, si damos con el mensaje, lo entregaremos. Ah, perdón, estoy hablando puramente de materialismo. Tejeremos alrededor de nuestras ficciones y haremos que los mensajes sean hermosos y los venderemos por buenas sumas.

Por supuesto que esto conlleva un peligro. Puede ser contagioso. Podemos dejarnos llevar por nuestras ideas y volar hacia las nubes. Pero no nos inmunizaremos. ¡Por supuesto que no nos inmunizaremos! Y mientras tanto, añadamos a la lista algunas cosas más que deseamos.

Junior Munsey Magazine. Diciembre, 1900.

Jack London, con nueve años.

EL FENÓMENO DE LA EVOLUCIÓN LITERARIA

Como ha dicho un ensayista americano, este es el siglo enloquecido por lo inmediato, el siglo «que primero descubrió cuán grande era lo inmediato; el siglo que convierte lo inmediato en un momento colosal, como nunca antes se había hecho con lo momentáneo, el siglo que, con el teléfono, el telégrafo y la imprenta, descubrió la inmediatez del momento y convirtió a todo el mundo en una voz en un cable». También es un siglo muy ocupado. Nunca el mundo ha tenido tanta prisa como ahora, nunca sus pensamientos fueron tan amplios y profundos, sus objetivos y ocupaciones tan numerosos y tan diversos. Le conviene a quien tenga ideas para vender al mundo indagar qué repercusión tiene todo esto en la literatura actual, de qué manera el siglo está siendo y debe ser representado por la letra impresa y el papel. ¿Por qué ha disminuido el uso de oraciones completas y la longitud de las frases? ¿Por qué ha quedado atrás la novela de tres volúmenes junto al resto de desperdicios del pasado rancio? ¿Por qué el ubicuo cuento corto tiene tanta demanda? ¿Qué relación tienen las respuestas a estas preguntas con la estructura de una oración? ¿La configuración de una figura? ¿El trazado de un paralelismo? ¿La construcción de una historia? ¿La delineación de un personaje? ¿O la presentación de una fase social? Si quien mercadea con ideas no puede responder a estas preguntas, es hora de que se ponga a trabajar. El mundo sabe lo que quiere, pero no se molestará en decírselo ni le preocupa: consigue lo que quiere y seguirá consiguiendo lo que pretende de otros que se hayan puesto a trabajar.

La comparación entre el crecimiento del individuo y el crecimiento de la sociedad, a diferencia de la mayoría de los recursos expositivos, parece ganar siempre en fuerza y valor. Desde la infancia hasta la madurez, la mente del individuo transita de lo simple a lo complejo. Los pensamientos de un niño son escasos y poco profundos. Al principio, en los procesos de razonamiento, sus premisas deben abarcar poco terreno y estar completamente elaboradas, y en el curso de la deducción o inducción no puede omitirse el más mínimo detalle. No se puede evitar ningún ejemplo, ni descartar ningún paso. Pero la mente madura del hombre se opone a un procedimiento tan lento. Salta rápidamente de la causa al efecto o viceversa, y concluye al mismo tiempo. El estudiante se niega a asistir a clases con un profesor que le da lecciones como si fuera un niño de preescolar. Le exaspera que le expliquen todo, incluso lo más obvio, con tanto detalle. Preferiría sentarse a leer a Defoe con palabras de una sola sílaba o hacer cálculos aritméticos con los dedos.

Y así ocurre con la sociedad. Ha tenido su adolescencia, ahora es adulta. La literatura que la deleitó en su juventud todavía gusta a cada joven, pero la sociedad ha llegado a su plenitud y su literatura debe reflejarlo. En cumplimiento de la ley general de la evolución, todo pensamiento y sus métodos de representación deben condensarse. El lenguaje, hablado y escrito, no escapa al funcionamiento de esta ley. El lenguaje, como medio para transmitir el pensamiento, es principalmente figurativo. Las palabras más comunes, utilizadas de las maneras más habituales, son figuras estereotipadas; figuras que nacen sonrosadas, frescas, vívidas, fuertes, en una etapa elemental, cuando las lenguas de los hombres buscaban a tientas una expresión más clara. Una figura es el desarrollo de

30

una analogía, el establecimiento de la identidad a través de la semejanza. Del mismo modo que la primera expresión del pensamiento colectivo más simple fue figurativa, así su primer conjunto de pensamientos constituyó un todo poderoso o hermoso. ¿Qué es la alegoría sino una figura sostenida? Y es al recurso a la alegoría a lo que recurren primero todos los pueblos primitivos. Les atrae a ellos, quienes, a la hora de pensar, piensan como niños. Pero la sociedad de hoy ya no tiene necesidad de ese recurso infantil. Spenser fue el último gran poeta en usarlo. *El progreso del peregrino* de Bunyan[4] es la única gran alegoría que existe actualmente y debe su popularidad, en su momento y después, a las masas analfabetas, porque eran analfabetas y porque era simple, trataba una cuestión vital ejecutada de forma poderosa, aunque tosca.

Como ha señalado el profesor Sherman, el uso de la analogía es para proporcionar a la verdad material un escenario espiritual, y hacer que el lector sienta además de pensar. La alegoría hace esto y de una manera muy sostenida y expansiva. Pero la tendencia del lenguaje es a concentrarse. De ahí la desaparición de la alegoría, y con ella de la parábola y la fábula. Un estudio de la literatura de la humanidad revelará la sustitución de estas, en una secuencia inexorable, por la metáfora continua, la metáfora oracional, la metáfora sintagmática, la metáfora compuesta y, finalmente, la metáfora verbal. La figura sostenida se ha reducido a una sola figura, la analogía alegórica a una analogía verbal. A medida que el nivel intelectual ha aumentado, también se ha extendido la idea de que el hombre debe y quiere pensar por sí mismo. Ya no desea que se le repitan y repitan las ideas una y otra vez. El pleonasmo le resulta repulsivo.

---

4. John Bunyan (Reino Unido, 1628-1688).

31

Thomson escribió, «obligado por la fuerte Necesidad». «Obligado» es tautologizado por «fuerte Necesidad». No obstante, Pope corrigió el pasaje así: «Obligado por el supremo mandato de la fuerte Necesidad». ¡Imagine que la sociedad actual aceptara tal bobada! Pero al condensar la alegoría en la analogía de la palabra, ni lo material ni lo espiritual deben ser sacrificados. Tampoco han sido sacrificados por los maestros. Como prueba de ello, no se puede citar una instancia mejor que:

«La barcaza en la que ella estaba sentada, como un trono bruñido, / ardía sobre el agua»[5].

Ahí está la figura y el hecho, lo espiritual y lo material, todo representado en una palabra. No era el momento de que el poeta empleara veinte líneas de pentámetro yámbico a la hora de transmitir la apariencia de oro bruñido al fuego, las llamas, el sol, etc., mientras la barcaza flotaba sobre el agua. Habría sido muy poco artístico haberlo hecho. El lector no es un niño. Obtiene placer al construir toda la escena a partir de esa única palabra y se siente exaltado al llegar a esa conclusión por su propio esfuerzo. Y eso es justo lo que el lector quiere.

«Aquel estilo que incita a la fantasía con respecto a la forma en que los hechos o las relaciones pueden ser aprehendidos será, en esa medida, el más fácil de leer». Es acorde con esta verdad que ha disminuido la longitud de la oración. La tendencia de las frases ha sido desde hace mucho tiempo hacia la brevedad y la concisión. La sociedad quiere que el texto de lectura no solo sea denso, compacto, sino también ágil, incisivo, conciso. Tolera al señor James,

---

5. *Antonio y Cleopatra*, William Shakespeare.

32

pero prefiere al señor Kipling. De los pecados del pasado, sirva como testimonio la siguiente oración de Spenser:

«Pero, en verdad, ya han sido ideados diversos buenos planes y se han trazado sabios consejos sobre la reforma de ese reino; mas dicen que es el destino fatal de esa tierra, que ningún propósito, cualquiera que sea destinado para su bien, prosperará ni tendrá buen efecto, lo cual, ya sea que provenga del mismísimo GENIO de la tierra o de la influencia de los astros, o que el Dios Todopoderoso aún no ha designado el momento de su reforma, o que él la conserve en este estado de desasosiego para algún castigo secreto, que por su conducto vendrá a Inglaterra, es difícil de saber, pero mucho de temer».

¡Imaginen el ansioso lápiz azul del editor del siglo XX abriéndose paso a través de una oración como esa! Y contrástenla con esta de la pluma de Emerson:

«Amigos míos, en estos dos errores, creo, encuentro las causas de una Iglesia en decadencia y una incredulidad que se va agotando. ¿Y qué mayor calamidad puede caer sobre una nación que la pérdida del culto? Entonces todas las cosas conducen a la decadencia. El Genio abandona el templo para rondar el senado o el mercado. La literatura se vuelve frívola. La Ciencia es fría. El ojo de la juventud no se ilumina con la esperanza de otros mundos y la vejez carece de honor. La sociedad vive para las trivialidades, y cuando los hombres mueren ni los mencionamos».

Un buen ejemplo de la reducción de la longitud de las frases es proporcionado por las siguientes cifras, que dan el promedio de palabras por cada 500 oraciones:

Fabyan: 68,28.
Spenser: 49,78.
Hooker: 41,40.
Macaulay: 22,45.
Emerson: 20,58[6].

Cada aspecto de la literatura actual ejemplifica esta tendencia a la condensación. El crecimiento del cuento corto ha estado marcado por la decadencia de la novela larga. En el siglo pasado, y en la primera parte de este, las novelas de un volumen eran aceptables, pero los editores preferían las de dos y tres; tampoco eran reacios a una de cuatro, mientras que las novelas de cinco y seis volúmenes no eran en absoluto infrecuentes. La novela promedio de hoy contiene de cuarenta a setenta mil palabras. ¿Qué editor soñaría siquiera con leer un manuscrito de las proporciones ciclópeas de *Los Miserables*? Poe siempre sostuvo que el relato debía ser tal que pudiera leerse de una sola sentada. *El chacal del rey*, recientemente publicado por Richard Harding Davis, contiene alrededor de veintisiete mil palabras, mientras que el señor Kipling parece haber establecido el formato para una novela de cuarenta a cincuenta páginas.

Volviendo de nuevo a la cuestión, lo que la sociedad quiere principalmente es algo efímero hecho de forma eterna. Esto hace que nuestra literatura sea en gran medida episódica y esta necesidad de la sociedad la ha satisfecho el señor Kipling. Él es conciso, franco, brusco,

---

6. El cálculo lo hace London sobre textos en inglés de los escritores del siglo XVI Robert Fabyan, Edmund Spenser y Richard Hooker, así como de los de Thomas Babington Macauley y Ralph Waldo Emerson, del siglo XIX.

inconexo, aunque no hay nada superfluo en su obra. Se centra solo en lo esencial e incita a la fantasía. Y eso es justo lo que la sociedad quiere, puesto que ha salido del jardín de infancia y puede elaborar su propio pensamiento. Denle solo lo esencial y ella hará el resto. Puede pensar más rápido de lo que puede leer y tiene prisa por hacerlo. División del trabajo y máquinas que lo abrevian, desplazamientos veloces, el teléfono y el telégrafo: mil y un dispositivos ha inventado la sociedad para economizar su energía y su tiempo. Así que en todas las cosas exige la mayor cantidad posible de contenido comprimido en el menor espacio posible. Y a esta demanda debe responder la literatura. La sociedad no quiere novelas e historias repletas de superficialidades. Lo que no ha sido podado será desechado sin leer. Lo que quiere es el meollo del asunto y lo quiere ya.

The Bookman. Octubre, 1900.

Jack London, en 1908. The Hungtinton Library.

Consejos para la escritura

No te apresures a escribir un relato de seis mil palabras antes del desayuno. No escribas demasiado. Concentra tu esfuerzo en una sola historia, en lugar de disiparlo en una docena. No holgazanees a la espera de inspiración; sal a buscarla con un garrote y, si no la consigues, obtendrás, a cambio, algo que se le parecerá notablemente. Fíjate un *objetivo* y asegúrate de cumplir ese *objetivo* cada día, así tendrás más palabras a tu favor al final del año. Estudia los trucos de los escritores que han triunfado. Ellos han dominado las herramientas con las que te estás cortando los dedos. Hacen cosas y su quehacer es la prueba interna de cómo se hace. No esperes a que un buen samaritano te lo diga, descúbrelo por ti mismo.

Asegúrate de que tus poros estén abiertos y tu digestión sea buena. Esta es, estoy seguro, la regla más importante de todas.

Lleva contigo un cuaderno. Viaja con él, come con él, duerme con él. Anota en él cada pensamiento fugaz que revolotee por tu cerebro. El papel barato es menos perecedero que la materia gris y las marcas de lápiz resisten más que la memoria.

Y trabaja. Deletrea esto en letras mayúsculas. TRABAJA. TRABAJA todo el tiempo. Desvela esta Tierra, este universo, esta fuerza y materia, y el espíritu que se vislumbra a través de ellas, desde un gusano hasta Dios. Y con todo esto me refiero a TRABAJAR por una filosofía de vida. No importa que tu filosofía de vida sea incorrecta, siempre que tengas una y la cumplas bien.

Las tres grandes cosas son: BUENA SALUD, TRA-BAJO y una FILOSOFÍA DE VIDA. Podría añadir, es más, debo añadir, una cuarta: SINCERIDAD. Sin ella, las otras tres carecen de valor; con ella puedes aspirar a la grandeza y sentarte entre gigantes.

The Editor. Marzo, 1903.

LO TERRIBLE Y LO TRÁGICO EN LA FICCIÓN

«Estoy ansioso de que su firma continúe siendo mi editorial y, si usted estuviera dispuesto a publicar el libro, me complacería aceptar los términos que me permitió antes, es decir, usted recibe todas las ganancias y me concede veinte copias para distribuir entre mis amigos».

Así escribió Edgar Allan Poe, el 13 de agosto de 1841, a la editorial Lee & Blanchard. Ellos le respondieron:

«Lamentamos mucho decir que el estado de los asuntos es tal que da poco aliento a nuevas empresas... Le aseguramos que lamentamos esto tanto por usted como por nosotros, ya que nos daría un gran placer promover sus puntos de vista sobre la publicación».

Cinco años después, en 1846, Poe escribió al señor E. H. Duyckinck[7]:

«Por razones particulares, estoy ansioso de que se publique otro volumen de mis relatos antes del primero de marzo. ¿Cree usted que es posible lograrlo? ¿No me daría el señor Wiley, digamos, 50 dólares por la totalidad de los derechos de autor de la colección que ahora envío?».

7. Everet Augustus Duyckinck (Nueva York, 1816-1878), editor.

Comparado con las ganancias de escritores contemporáneos, es claro que Poe recibió poco o nada por las historias que escribió. En el otoño de 1900, una de las tres copias existentes de su *Tamerlán y otros poemas* se vendió por 2.050 dólares, una suma mayor, quizás, que la que recibió por las ventas en serie de todos sus libros de relatos y poemas.

Por un lado, fue peor recompensado que incluso los mediocres de sus contemporáneos; mientras que, por otro lado, produjo un efecto más poderoso que la gran mayoría de ellos y logró una fama más brillante y duradera. Cooke[8], en una carta a Poe, dice:

«*El caso Valdemar* lo leí en un número de su *Broadway Journal* el invierno pasado, mientras estaba agazapado en mi refugio, envuelto hasta los ojos en abrigos, etc., y declaro sin dudarlo que es el capítulo de ficción más condenable, verosímil, horrible, espeluznante, impactante e ingenioso que jamás cerebro alguno concibiera, o manos trataran. ¡Ese sonido gelatinoso y viscoso de la voz del hombre! Nunca hubo tal idea antes. Esa historia me sorprendió a plena luz del día, armado con un fusil Tyron de doble cañón para cazar pavos. ¿Qué habría hecho a medianoche en alguna vieja casa de campo fantasmal?».

Siempre he encontrado alguna cosa notable en sus relatos que me persigue mucho después de leerlos. Los dientes de Berenice, los ojos cambiantes de Morella, esa grieta roja y deslumbrante en *La casa Usher*, los poros de la cubierta en *Manuscrito encontrado en una botella*, las gotas visibles cayendo de la copa en *Ligeia*, etc.; siempre hay algo

---

8. Philip Pendleton Cooke, poeta (Virgina, Estados Unidos, 1816-1850).

de esta clase que se queda en la mente, al menos en la mía. Casi al mismo tiempo, Elizabeth Barrett Browning, entonces la señorita Barrett[9], escribió a Poe:

«Su *Cuervo* ha producido sensación, un "horror cabal", aquí en Inglaterra... Oigo hablar de personas perseguidas por *Nevermore* y una conocida mía que tiene la desgracia de poseer un "busto de Palas" nunca puede soportar mirarlo al crepúsculo... Luego hay un relato suyo... que circula por los periódicos, sobre el mesmerismo, arrojándonos a todos al "más admirado desorden" y a terribles dudas sobre si "puede ser verdad", como dicen los niños de las historias de fantasmas. Lo evidente del relato en cuestión es el poder del escritor y la facultad que tiene de hacer que las horribles improbabilidades parezcan cercanas y familiares».

Aunque sus relatos arrojaban a la gente a «más admirados desórdenes» y asustaban a los hombres a plena luz del día en «refugios para cazar pavos», y aunque sus relatos se leían, podría decirse que universalmente, parecía haber en ese momento un sentimiento en contra que los condenaba como un tipo de historias eminentemente repulsivas e ilegibles. El público leía los relatos de Poe, pero Poe no estaba en contacto con ese público. Y cuando ese público le hablaba por boca de los editores de revistas, hablaba en términos indudables. Aspirante rebelde, él soñaba con una revista propia, no una «tonta e insípida», llena de «imágenes despreciables, láminas de moda, música y relatos de amor», sino una revista que dijera las cosas por el simple hecho de decirlas y contara historias porque eran historias

---

9. Escritora británica nacida en 1806 y fallecida en 1861.

41

en lugar de un batiburrillo que pudiera agradar al público. James E. Heath[10], escribiendo a Poe sobre *La caída de la Casa Usher*, dijo:

«Él [por White[11], editor del *Southern Literary Messenger*] duda si los lectores del *Messenger* aprecian mucho los relatos de la Escuela Alemana, aunque estén escritos con gran fuerza y habilidad y, en esta opinión, confieso, francamente, que coincido. Dudo mucho que los relatos del tipo salvaje, improbable y terrible puedan llegar a ser permanentemente populares en este país. Charles Dickens, me parece, ha dado el golpe de gracia final a los escritos de ese tipo».

No obstante, los escritores de aquel entonces, que escribían historias populares y recibían ventas más rápidas y cheques más sustanciosos, están muertos y olvidados, así como sus obras, mientras que Poe y las historias de Poe siguen vivos. De alguna manera, este lado de la vida de Poe es un enredo paradójico. A los editores no les gustaba publicar sus relatos ni a la gente leerlos; sin embargo, se leían universalmente, se debatían y recordaban, y alcanzaban hasta los periódicos extranjeros. Le valieron poco dinero, sin embargo, han producido mucho dinero desde entonces y hasta el día de hoy tienen una venta elevada y constante. La creencia común en el momento en que aparecieron era que nunca podrían volverse populares en los Estados Unidos, pero sus ventas constantes, ediciones completas y demás, que continúan publicándose, atestiguan una popularidad que es, como mínimo,

---

10. Editor norteamericano (1792-1862).
11. Thomas Willis White, editor (1788-1843).

42

duradera. Los sombríos y terribles *La caída de la Casa Usher, Ligeia, El gato negro, El barril de amontillado, Berenice, El pozo y el péndulo* y *La máscara de la muerte roja* se leen hoy con tanto entusiasmo como siempre. Y esto es especialmente cierto en la generación más joven, que a menudo pone el sello de su aprobación en cosas que las barbas grises han leído, aprobado, olvidado que han aprobado y, finalmente, censurado y condenado.

Sin embargo, las condiciones que existían en la época de Poe se mantienen del mismo modo inexorable a las de hoy. Ningún editor que se precie, con un ojo puesto en la lista de suscriptores, puede ser sobornado o intimidado para admitir una historia terrible o trágica en su revista, mientras que el público lector, cuando se topa con tales historias de una forma u otra, y se las arregla para hacerlo de todos modos, dice que no le gustan.

Una persona lee tal historia, la deja con un escalofrío y dice: «Me hiela la sangre. Nunca quiero leer algo así de nuevo». Sin embargo, él o ella leerá algo así de nuevo, y otra vez, y otra vez más, y volverá a leerlas nuevamente. Pregunte al hombre o a la mujer promedio del público lector y se encontrará con que han leído todos, o casi todos, los cuentos terribles y horribles que se han escrito. Además, se estremecerán, expresarán su aversión por tales relatos y luego procederán a discutirlos con una agudeza y comprensión tan notable como sorprendente.

Cuando se considera que tantos condenan estos cuentos y continúan leyéndolos (como lo demuestran ampliamente la experiencia íntima y las ventas de libros como los de Poe), surge una pregunta: ¿Es la gente honesta cuando se estremece y dice que no le gusta lo terrible, lo horrible y lo trágico? ¿Realmente no les gusta tener miedo? ¿O tienen miedo de que les guste tener miedo?

43

En lo profundo de las raíces de la sociedad está el miedo. Llegó primero al mundo y fue la emoción dominante en el mundo primitivo. Hoy, de hecho, sigue siendo la emoción más firmemente asentada. Pero en el mundo primitivo la gente no era compleja, aún no era consciente de sí misma, y francamente se deleitaba con los relatos y las religiones que inspiraban terror. ¿Es cierto que la gente compleja y autoconsciente de hoy en día no se deleita con las cosas que inspiran terror? ¿O es cierto que se avergüenzan de dar a conocer su deleite?

¿Qué es lo que atrae a los niños a las casas encantadas después del anochecer, obligándoles a tirar piedras y salir corriendo con sus corazones latiendo con un atronador pum-pum que ahoga el ruido de sus pies cuando huyen? ¿Qué es lo que atrapa a un niño, forzándolo a escuchar historias de fantasmas que lo llevan a un éxtasis de miedo y, sin embargo, le impelen a rogar por más y más? ¿Es algo nefasto? ¿Algo que su instinto le advierte como insalubre y maligno mientras su deseo se desboca hacia ello? O, de nuevo, ¿qué es lo que hace revolotear el corazón y acelera los pies de un hombre o mujer que caminan solos por un pasillo largo y oscuro o al subir por una escalera de caracol? ¿Es un despertar del salvaje que hay en su interior? ¿Del salvaje dormido, pero nunca muerto, desde el tiempo en que la gente del río se acurrucaba junto a las fogatas de sus asentamientos o la gente bajo los árboles se agrupaba y parloteaba en la oscuridad?

Cualquiera que sea la respuesta, ya sea buena o mala, se trata de algo real. Es una cosa que Poe despierta en nosotros, asustándonos a plena luz del día y arrojándonos a «desórdenes admirados». Rara vez la persona adulta que teme la oscuridad lo reconocerá. No les parece apropiado tener miedo a la oscuridad y se avergüenza. Quizás la

44

gente sienta que no es apropiado deleitarse con historias que despiertan miedo y terror. Pueden sentir instintivamente que es malo y perjudicial tener tales emociones reveladas y, debido a esto, se sienten obligados a decir que no les gustan tales historias, mientras que en realidad sí que les gustan.

La gran emoción explotada por Dickens fue el miedo, como ha señalado el señor Brooks Adams[12], al igual que el coraje fue la gran emoción explotada por Scott. La nobleza dominante parecía poseer un exceso de ánimo y responder con mayor facilidad a los actos de valor. Por otro lado, la burguesía ascendente, los tímidos comerciantes y habitantes de la ciudad, recién salidos de las opresiones y robos de sus severos señores, parecían poseer un exceso de miedo y reaccionar más fácilmente a las cosas temibles. Por esta razón, devoraron con avidez los escritos de Dickens, pues él era su portavoz de forma tan peculiar como Scott lo era de la vieja y moribunda nobleza.

Pero desde la época de Dickens, si podemos juzgar por la actitud editorial y por el dictamen del público lector, parece haber tenido lugar una transformación. En la época de Dickens, la burguesía, como clase dominante recién ascendida, todavía tenía el miedo fuertemente arraigado, de manera similar a como una niñera negra africana, un par de generaciones después, sigue temiendo el vudú. Pero hoy parecería que esta misma burguesía, firmemente asentada y triunfante, se avergüenza de su antiguo terror, que recuerda vagamente como si fuera una mala pesadilla. Cuando el miedo la dominaba, nada le gustaba más que las cosas que inspiraban miedo, pero alejado este, sin estar ya amenazada o acosada, se ha vuelto

---

12. Henry Brooks Adams, historiador (Boston, 1838-1918).

temerosa de tener miedo. Con esto quiero decir que la burguesía se ha vuelto autoconsciente, de manera muy parecida a como el esclavo negro, liberado y consciente del estigma unido a la negritud, se llama a sí mismo *caballero de color*, aunque en el fondo de su corazón se siente todavía un negro. Así, la burguesía puede sentir de una manera vaga y misteriosa el estigma del miedo de sus días cobardes, pero, ya plenamente consciente, califica como impropias todas las cosas que lo provocan, mientras que en lo recóndito de su ser todavía se deleita en secreto con ellas.

Todo esto, por supuesto, es incidental, una mera tentativa de dar cuenta de un poco de psicología contradictoria en la composición del público lector. Pero los hechos del caso permanecen. El público teme los relatos que provocan miedo, pero hipócritamente continúa disfrutándolos. La reciente colección de relatos de W. W. Jacobs[13], *La pata del mono*, contiene sus habituales e inimitables cuentos humorísticos salpicados con varios relatos de terror. Se preguntó a una docena de amigos sobre qué historia les había afectado más poderosamente y la respuesta unánime fue *La pata del mono*. Ahora bien, *La pata del mono* es un cuento de terror tan perfecto como cualquiera de su tipo. Sin embargo, sin excepción, después de estremecerse debida y apropiadamente y de negar todo gusto por tales cuentos, procedieron a discutirlo con una calidez y conocimiento que revelaba claramente que, cualesquiera que fueran las extrañas sensaciones que había despertado, eran en cualquier caso sensaciones placenteras.

Hace mucho tiempo, Ambrose Bierce publicó *Soldados y civiles*, un libro abarrotado de principio a fin con

---

13. William Wymark Kacobs, humorista y novelista británico (1863-1943).

terror y horror sin paliativos. Un editor que se atreviera a publicar uno de estos cuentos estaría cometiendo un suicidio financiero y profesional. Sin embargo, año tras año, la gente continúa hablando de *Soldados y civiles*, mientras que los innumerables libros dulces y saludables, optimistas y con finales felices se olvidan tan rápidamente como salen de la imprenta.

En la imprudencia de su juventud, antes de que adquiriera formas más sobrias, el señor W. C. Morrow[14] fue responsable de *El simio, el idiota y otros personajes*, donde se encuentran algunas de las historias de horror más horripilantes en lengua inglesa. Le dio una reputación instantánea, con lo cual concibió aspiraciones más elevadas de su arte, renegó de lo terrible y lo horrible, y escribió otros libros totalmente diferentes. Pero estos otros libros no son recordados tan fácilmente como el primero por la gente que con el mismo aliento dice que no le gustan historias como las que se pueden encontrar en *El simio, el idiota y otros personajes*.

De dos colecciones de cuentos publicadas recientemente, cada una de las cuales contiene una historia de terror, nueve de cada diez críticos, en cada caso, seleccionaron la historia de terror como digna de la mayor alabanza y, después de que la hubieron alabado, cinco de cada nueve procedieron a condenarla. *Ella*, de Rider Haggard[15], que está llena de terror espeluznante, tuvo una larga y popular trayectoria, mientras que *El extraño caso del Dr. Jekyll y Mr. Hyde* logró, si acaso, un éxito mayor y llevó a Stevenson a la vanguardia.

Dejando a un lado el cuento de horror, ¿puede alguna historia ser realmente genial si su tema no es trágico

---

14. William Chambers Morrow, escritor norteamericano (1854-1923).
15. Henry Rider Haggard (Reino Unido, 1856-1925).

o terrible? ¿Pueden los agradables lugares comunes de la vida convertirse en algo que no sean historias dulcemente habituales?

No parecería ser así. Los grandes cuentos cortos del acervo literario mundial parecen depender todos de lo trágico y terrible para alcanzar ímpetu y grandeza. Ni la mitad de ellos tratan sobre el amor en absoluto y, cuando lo hacen, derivan su grandeza, no del amor en sí, sino de lo trágico y terrible que conlleva el amor.

En esta categoría se puede incluir *Sin beneficio del clero*[16], que es bastante convencional. El amor entre John Holden y Ameera se engrandece porque se aparta de la casta y es precario. Se convierte en memorable por las trágicas muertes de Tota y Ameera, la anulación total del hecho de que han vivido, y el regreso de John Holden a su gente. Se requiere tensión y esfuerzo para sondear las profundidades de la naturaleza humana y no hay ni tensión ni esfuerzo en los eventos agradables, optimistas y plácidamente felices. Los grandes asuntos están presididos por una gran conmoción y no hay nada especialmente provocador en el discurrir de una existencia dulce y placentera. Romeo y Julieta no son recordados porque sus asuntos transcurrieran sin problemas, ni lo son Abelardo y Eloísa, Tristán e Isolda, Paolo y Francesca.

Pero la mayoría de los grandes cuentos cortos no tratan de amor. *Un alojamiento para la noche*, por ejemplo, una de las historias más redondas y perfectas jamás contadas, no solo no tiene un atisbo de amor, sino que no contiene personaje alguno que queramos conocer en vida. Comenzando con el asesinato de Thevenin, siguiendo con la terrible noche en las calles y el robo de la difunta prostituta en el pórtico, y terminando con el

16. Relato de Robert Louis Stevenson.

viejo señor de Brisetout, quien se salva de ser asesinado por llevar siete piezas de plata en lugar de diez, no hay nada que no sea terrible y repulsivo. Sin embargo, es lo espantoso lo que lo hace grande. El juego de palabras en la casa desierta entre Villon y el débil señor de Brisetout, que configura la historia, no lo sería en absoluto si se le quitara la tensión y el esfuerzo, y los dos hombres fueran colocados *vis-à-vis* con una veintena de sirvientes a espaldas del viejo señor.

La caída de la Casa Usher depende de todo lo que es terrible para ser grande, y no hay más amor en ella que en el *Collar* de Guy de Maupassant, o en *El cordel*, o en *El hombre que fue* y *Baa Baa, oveja negra*[17], que es la más lastimosa de todas las tragedias, la de un niño.

Los editores de revistas tienen muy buenas razones para negar la admisión de lo terrible y lo trágico. Sus lectores dicen que no les gusta lo terrible y lo trágico, y eso es suficiente, sin más. Pero o sus lectores tergiversan descaradamente o se engañan a sí mismos creyendo que dicen la verdad, o bien las personas que leen las revistas no son las personas que continúan comprando, digamos, las obras de Poe.

En estas circunstancias, habiendo una demanda probada por lo terrible y lo trágico, ¿no hay lugar, en un espacio por lo demás abarrotado, para una revista dedicada principalmente a lo terrible y lo trágico? ¿Una revista como la que soñó Poe, en la cual no haya nada tonto e insípido, amarillento o emasculado, y que publique historias que aspiren a permanecer en lugar de aspirar a tener una gran circulación?

A primera vista, dos cosas parecen ciertas: gran parte

---

17. *El cordel* es un relato de Maupassant y *El hombre que fue* y *Baa, baa, oveja negra*, de Kiping.

49

del público lector a la que le importa lo trágico y lo terrible sería lo suficientemente honesto como para suscribirse; y que los escritores de la tierra serían capaces de suministrar los relatos. La única razón por la que tales historias no se escriben hoy en día es por no haber ninguna revista que las adquiera y a que los escritores están ocupados produciendo el material, eminentemente efímero, que las revistas sí compran. Lo lamentable es que los creadores escriban primero por pan y después por gloria y que su nivel de vida suba tan rápido como aumenta su capacidad para ganar pan, de modo que nunca alcancen la gloria, lo efímero florezca y las grandes historias sigan sin escribirse.

The Critic. Junio, 1903.

MÁS EXTRAÑO QUE LA FICCIÓN

Una experiencia afirmada solemnemente como la verdad, toda la verdad y nada más que la verdad.

Recuerdo estar friendo tocino en una parada al mediodía en el Sendero del Klondike, hace ya varios años, mientras escuchaba con incredulidad el relato de infortunio de un pionero del Yukón. Había lágrimas en su voz y una queja amarga al contarme todo lo que había sufrido a causa de los mosquitos. Antes de que su narración terminara, estaba enfurecido con los pequeños insectos alados, los daños que le habían infligido habían sido colosales y los maldijo en los términos más insoportablemente blasfemos que haya escuchado jamás.

Era un hombre fuerte. Había estado siete años en la zona. Yo sabía, en ese mismo instante, que estaba descansando de una caminata de cincuenta millas que había durado quince horas y que tenía la intención de cubrir veinticinco millas más antes de que cayera la noche.

Como digo, yo sabía todo esto. El hombre era real. Había hecho cosas. Tenía una reputación. Sin embargo, me dije a mí mismo, estos sucesos con mosquitos son imposibles. No pueden ser verdad. El hombre miente.

Cuatro meses después, dos camaradas y yo, tres hombres fuertes, descendimos el Yukón a lo largo de dos mil millas en un bote abierto. Las lágrimas anidaron en nuestras voces y se quedaron allí, al igual que la queja lastimosa. Nos volvimos irritables y pendencieros. En lugar de hablar como hombres, nos quejábamos con el espíritu quebrado y dijimos que no se había dicho ni la mitad sobre los mosquitos. Y yo, por mi parte, me maravillaba de la contención y el control del hombre que me había hablado por primera vez del mosquito en la parada al mediodía en el Sendero del Klondike.

Desde entonces, ya en la civilización, he intentado contar la historia del mosquito. Mis amigos la han escuchado con lástima, o se han mostrado aburridos, o me han dicho claramente que la veracidad no era evidentemente un producto de Klondike. Estas cosas las he soportado esforzándome por redimirme con mayor seriedad y detalle, pero, finalmente, cuando un tipo dijo «eso me recuerda una auténtica historia de mosquitos», abandoné el tema para siempre. Desde entonces he seguido una conducta y moral intachables y todavía espero que antes de tambalearme hasta la tumba logre superar mi reputación de faltar a la verdad.

No me atrevo a contar aquí la historia del mosquito. Simplemente la he insinuado en este preámbulo algo extenso para demostrar que entiendo y perdono la mentalidad editorial cuando ciertos sucesos míos, con el atuendo de la ficción, me son devueltos de inmediato. Ha de saberse que la verdad es mucho más extraña que la ficción, tanto que resulta irreal para editores y lectores.

Por ejemplo, conocí a una chica. Nuestro primer encuentro fue típico. Ocurrió en las escarpadas Sierras. En el frescor del día salió de los oscuros bosques de pinos, con un traje de falda corta, el pelo suelto a la espalda, una escopeta cruzada en el hueco de su brazo. Estaba cazando conejos. Para ella, un ciervo y un rifle Winchester habrían sido igual de probables. Era bastante poco convencional y era directa. Podía montar a caballo mejor que cualquier domador de potros salvajes. Podía descender en una campana de buceo, garabatear un artículo de revista (que se vendería) o hacer un *highland fling*[18] en el escenario de variedades solo por divertirse. Por otro lado, había leído libros. Tengo a mano ahora una veintena de delicados poemas suyos. Estaba tan cerca de la cultura como de la vida salvaje y al aire libre o de Bohemia. En pocas palabras, era una criatura impactante.

La atenué e hice de ella una heroína. Fue por el bien de la veracidad, y porque recordé la historia del mosquito. Le quité de su realidad, disminuí su vitalidad para que el lector pudiera creer que era real y estaba viva. Los críticos me demostraron rápidamente cuán notoriamente había fracasado. Cito al azar: «Uno no puede creérsela, pero a uno le gusta y perdona su cultura», «una proyección de la mujer ideal del escritor sobre el papel», «un monstruo», «algo contrario a la naturaleza», «llega al final de una historia totalmente increíble e incluso inconcebible».

De vez en cuando he escrito cuentos de aventuras breves para una famosa publicación juvenil. Mi experiencia con estas historias ha sido prácticamente uniforme. Siempre que desarrollaba desde mi pura conciencia interior alguna aventura juvenil, recibía la aprobación más halagadora de los editores. Siempre que mi conciencia interior no estaba en activo y, recurriendo a los hechos de mi vida, escribía aventuras por las que realmente había pasado, cosas que había hecho con mis propias manos y cabeza, los editores tarareaban y dudaban. «No es real», decían. «Es imposible. No puede haber sucedido así».

Una vez, cuando comentaron de esta manera sobre una historia mía de escalada de acantilados, una narración literal de algo que yo había hecho, como también miles de otros, me rebelé. «Puedo comprender fácilmente», les

---

18. Danza tradicional escocesa que se bailaba sobre un escudo.

53

escribí, aunque realmente no lo hice en ese momento, tan confusa estaba mi razón por mi ira, «puedo comprender fácilmente que el estado de conciencia que usted puede lograr en el suelo llano de su santuario editorial acerca de un hombre pegado a un acantilado es un estado de conciencia muy diferente al que puede tener un hombre que está pegado a un acantilado así». Fueron muy amables al respecto, tomando mi crítica con mejor talante de lo que yo tomé la suya; y, de hecho, podían permitírselo, porque tenían razón. Es incontrovertible que uno no puede poner en la página impresa lo que hace en la vida. Una vez escribí una historia de un vagabundo. Tenía la intención de que fuera la primera de una serie de historias de vagabundos, todas las cuales relatarían las aventuras de un único personaje vagabundo. Yo estaba bien capacitado para escribir esta serie por dos razones. Primero, yo mismo había andado unos diez mil millas o más por los Estados Unidos y Canadá, mendigado mi comida de puerta en puerta y cumplido sentencias por vagabundeo en varias cárceles. Segundo, mi personaje vagabundo era un amigo personal. Muchas veces había metido sus piernas bajo mi mesa o se había acostado en mi cama conmigo. Lo conocía mejor que a mi hermano. Era un hombre notable, con educación universitaria, calificado para ejercer la abogacía en todos los tribunales, rebosante de los detalles más minuciosos de cada filosofía mundial desde Zenón hasta Nietzsche, profundamente versado en economía política y sociología, un brillante conferenciante; en resumen, un genio de calibre extraordinario.

Para explotar en la ficción este hecho vivo no solo lo atenué, sino que realmente usé una experiencia suya como motivo de la primera historia. Me atrevo a decir que es una de las mejores historias que he escrito, si no la mejor. Cuando no hay nadie alrededor, la saco del fondo de la caja y la leo con gran deleite, abrazándome mientras tanto y sintiendo gran pena por el mundo al que se le niega mi dicha.

Apenas necesito decir que esta historia, para la mente editorial, fue algo inveraz. Un editor, solo uno, se convenció. Y así fue. Conozco a un joven escritor en el sur de California que vagabundeó hacia el este en busca de experiencia. Lo llamaré Jones. Pues bien, Jones se encontró con este editor en particular en la ciudad de Nueva York y le contó diversas experiencias propias de vagabundeo. Poco después, mi historia de vagabundo fue presentada a este editor. De esta manera explicó su rechazo: «Si no hubiera conocido al señor Jones durante algún tiempo, habría dicho que una creación como su Vagabundo era absoluta y completamente imposible, pero mi razón para rechazar el manuscrito es que para otras personas que no han tenido la oportunidad de comprender realmente lo que un vagabundo puede ser, de dónde puede venir y en qué puede transformarse, podría parecer una carga demasiado grande para su credulidad».

Por mucho que intentara suavizarlo, mi Vagabundo era demasiado real para ser verdad. Con la ayuda del señor Jones, solo había logrado convencer a un editor, quien, a su vez, afirmó con toda razón que sus lectores, al no contar con el conocimiento del citado señor Jones, seguirían sin estar convencidos. Baste decir que, más allá del relato inicial, la serie quedó inédita, y el mundo apenas recuerda lo que se ha perdido.

Tuve una experiencia pastoral singular. El efecto fue acumulativo. Durante un largo periodo de tiempo, traté con cientos de personas de todas las edades, complexiones y sexos, de modo que los rasgos humanos y la psicología

55

involucrados no eran extraordinarios, sino simplemente comunes. Me senté a reflexionar sobre esta experiencia pastoral. ¡Ay!, me dije, sería una historia estupenda, pero es demasiado real para ser verdad. La habría abandonado por completo si no me hubiera llegado un nuevo método para tratarla. Me acerqué a mi escritorio y comencé. Primero escribí el título. Debajo del título, entre corchetes, escribí «Una Narración Verdadera». Luego escribí la experiencia tal como sucedió en realidad, usando solo los hechos desnudos de la misma, trayendo a colación, precisamente, a mi esposa, mi hermana, mi sobrino, mi sirvienta, yo mismo, mi casa y mi dirección postal.

¡Ajá!, cacareé, mientras la enviaba por correo al este, por fin he eludido la mente editorial. Pero volvió. Continuó regresando. Los editores la rechazaron con frases halagadoras y de otro tipo, y todos y cada uno me agradecieron por haberme permitido el privilegio de considerar mi historia (!).

Por fin, un editor la leyó amablemente, aceptándola con reservas. Escribió: «Es decididamente buena…, pero me asusta el uso del _____. Con el lector ordinario esto se consideraría llevar el asunto demasiado lejos, pero puedo creer que fue necesario en la realidad». Y después de indicar los cambios que sugeriría, concluyó: «Por la historia (!) pagaré entonces _____ dólares».

Oscar Wilde una vez probó con bastante contundencia que la Naturaleza imita al Arte. Me he visto obligado a concluir que el Hecho, para ser verosímil, debe imitar a la Ficción. La imaginación creativa es más veraz que la voz de la vida. Los eventos reales son menos verdaderos que los caprichos y las presunciones lógicas. Y el hombre que escribe ficción es mejor que deje el hecho en paz.

Me dije a mí mismo que el hombre del mosquito mentía. Por innumerables rechazos editoriales me han informado que he mentido. Y a pesar de que puse al principio de esta narración, entre comillas, una solemne afirmación de su veracidad, estoy seguro de que nadie la creerá. Es demasiado real para ser cierta.

The Critic. Agosto, 1903.

London, junto a su esposa Charmian.

Ocho grandes factores del éxito

literario

Considero que los grandes factores de mi éxito literario son: inmensa buena suerte, una buena salud, buen cerebro, buena correlación mental y muscular, pobreza, haber leído *Signa* de Ouida[19] cuando tenía ocho años, la influencia de la *Filosofía del estilo* de Herbert Spencer y haber empezado 20 años antes que los colegas que intentan empezar hoy.

Debido a todo lo anterior, he sido sincero, y no he engañado en ningún momento de mi camino, incluso en un detalle tan microscópicamente pequeño, y cósmicamente ridículo, como llevar cuello almidonado cuando me hubiera lastimado el cuello llevarlo.

Mi salud fue buena —a pesar de cada exceso que me tomé con ella— porque nací con un cuerpo fuerte y viví una vida al aire libre, dura, áspera, haciendo ejercicio.

Provengo de viejas estirpes americanas, de ascendencia inglesa y galesa, pero viviendo en América mucho antes de las guerras francesas e indias. Esto explica mi cerebro decente. Pude haber sido gemelo, o imbécil, pude haber nacido con alguna discapacidad intelectual.

La pobreza me obligó a espabilarme. Mi inmensa buena suerte impidió que la pobreza me destruyera. Casi todos mis compañeros de correrías hace tiempo que fueron ahorcados, fusilados, ahogados, muertos por enfermedad o pasan los últimos años de vida en prisión. Cualquiera de

19. Sinónimo de la novelista inglesa Marie Louise Ramé (1839-1908).

59

estas cosas pudo haberme pasado a mí antes de los diecisiete, si no fuera por mi inmensa fortuna.

Leí *Signa* de Ouida. La leí con ocho años. La historia comienza: «Solo era un niño pequeño». El niño pequeño era un campesino montañés de Italia. Se convirtió en un artista, con toda Italia a sus pies. Cuando lo leí, yo era un pequeño campesino en un rancho pobre de California. Al leer la historia, mi estrecho horizonte montañoso se retiró y todo el mundo se hizo posible si yo me atrevía a intentarlo. Me atreví.

Leí la *Filosofía del estilo*. Me enseñó las operaciones sutiles y múltiples necesarias para transmutar pensamiento, belleza, sensación y emoción en símbolos negros sobre el blanco del papel; símbolos que, a través de los ojos del lector, eran transmitidos a su cerebro y a través de su cerebro transmutados en pensamientos, belleza, sensaciones y emociones que correspondían justamente con las mías. Entre otras cosas, esto me enseñó a conocer la mente de mi lector, con el fin de seleccionar los símbolos que obligarían a su cerebro a recibir mi pensamiento, o visión, o emoción. Además, aprendí que los símbolos correctos eran aquellos que requerirían el gasto mínimo de energía mental de mi lector, dejando el máximo de ella para realizar y disfrutar del contenido de mi mente, tal como fue transmitido a la suya.

Una palabra sobre el escritor de hoy: por cada escritor inteligente hace veinte años, hoy hay quinientos escritores inteligentes. Hoy, la escritura excelente está anegada en un mar de escritura excelente. O al menos así me lo parece.

The Silhouette. Febrero, 1917.

Índice

London, en sus años jóvenes.